AF348261

ORDONNANCES
ET REGLEMENT
faict par le Roy,

POUR L'ART MILI-
taire de France, pour le soulagement de ses sujets.

A PARIS,
P. METTAYER, A. ESTIENE,
& C. PREVOST, Imprimeurs
ordinaires du Roy.
M. DC. XXXIII.
Auec Priuilege de sa Majesté.

(II)

LOVIS PAR LA GRACE DE DIEV ROY DE FRANCE ET DE NAVARRE: A tous ceux qui ces prefentes lettres verront, Salut. Nous auions efperé apres tant d'heureux fuccez de nos armes, de faire iouyr nos fubiects d'vne bonne & affeurée Paix: mais à noftre grand regret, nous fommes encores à prefent obligez par plufieurs confiderations, comme chacun fçait, pour la feureté & grandeur de cét Eftat, & tenir des armées fus pied: lefquelles nous voulõs autant qu'il nous fera poffible faire fubfifter, fans aucune foulle & oppreffiõ de nofdits fubjects. Et pour y paruenir nous auõs refolu de pouruoir de telle forte au payement des gens de Guerre, dont nofdites armées feront compofées, que l'ancienne difcipline Militaire puiffe eftre facilement reftablie, faifant ceffer tous les pretextes qui ont iufques à prefent dóné lieu aux defordres & à la licéce que le deffaut ou retardement des payemens y a introduicts. Et bien qu'apres tant de defpenfes que nous auons efté contraincts de fupporter depuis

A ij

noſtre aduenement à la Courône, nous euſ-
ſions plus beſoin de meſnager noſtre reue-
nu ordinaire , que de nous engager à de
nouuelles deſpenſes. Neantmoins le deſ-
ſein que nous auons de long temps de ga-
rétir noſdits ſubjects de l'oppreſſiõ & ruine
que leur apporte le paſſage & ſejour deſdits
gens de Guerre ; meſmes les Eſtappes qui
leur ont eſté à ſurcharge iuſquesicy, **nous**
oblige de les faire payer ſi à poinct nommé
que deſormais tous pretexres de continuer
ces deſordres & toute eſperance d'impuni-
té leur ſoient oſtez. A CES CAVSES de
l'aduis de noſtre Conſeil où eſtoient au-
cuns Princes, Ducs, Pairs, Mareſchaux de
France & Officiers de noſtre Couronne,
Nous auons de noſtre propre mouuement,
certaine ſcience, plaine puiſſance & autho-
rité Royale, dit, declaré & ordonné, di-
ſons, declarons & ordonnons par ces preſentes, ſignées de noſtre main, Voulons &
nous plaiſt, que les anciennes Ordonnances & Reglemẽs faits par les Roys nos pre-
deceſſeurs, & celles qui ont eſté par nous
faites en l'année mil ſix cens vingt-neuf, ſur
le fait de la Police & diſcipline Militaire,
meſmes ſur l'ordre du paſſage & ſejour de
nos gens de Guerre, ſoit en corps d'armee
& Garniſons, ou dans nos Prouinces cy at-

tachées, soient inuiolablemēt gardées. ob-
seruées & executées selon leur forme & teneur, si ce n'est en ce qui est particuliere-
ment porté par les deux cens cinquante
deux & deux cens cinquante troisiéme arti-
cles de nosdites Ordonnances faites en la-
dite année mil six cēs vingt-neuf, touchant
les Estappes qui doiuent estre fournies au
passage de nos trouppes, sans payer aucune
chose, à quoy pour ce regard nous auons
derogé, Et au lieu de cet ordre lequel nous
voulons estre cy apres changé pour le bien
& soulagement de nos subjects. Nous ordonnons que d'oresnauant nos gens de
Guerre logeront & seiournerant dans les
bonnes Villes & Fauxbourgs d'icelles, ou
bien dans les meilleurs Bourgs qui se trouueront sur leur route & passage, suiuant le
departement qui leur en sera donné, afin
qu'estans contenus dans le deuoir par les
Gouuerneurs, Lieutenans & Officiers qui
resident és Villes & bourgs, nos subjects
des villages & petits lieux de la campagne
soient exempts des desordres, foules & op-
pressions qu'ils ont souffertes par le passé.
ORDONNONS que ce qui sera pris par les-
dits gens de Guerre pour leur nourriture sera payé actuellement au prix des 3. derniers
marchez, sans qu'ils puissent exiger aucune

A iij

chofe de leurs hoſtes que le feu & la chan-
delle commune, le lict & les vſtancilles ordinaires, à ſçauoir le linge de table, eſcuelle
& verre, ſur peine de la vie. Et afin de ne
pas ouurir le chemin aux meſmes abus &
exactions cy deuant praticquées, Nous leur
defendons tres-expreſſement de commuer
leſdites vſtancilles en argent, ſoubs quelque pretexte que ce ſoit, meſme par con-
uention faite auec ceux qui les logeront.
Et pour donner moyen aux gens de Guerre de viure dans l'ordre preſentement
eſtably, Nous ordonnons que ſuiuant
les eſtats qui ſeront par nous arreſtez, les
Maiſtres de Cãp, Capitaines, Chefs & Officiers de noſtre Infanterie, ſeront d'oreſnauant payez ponctuellement de leurs monſtres pour les effectifs ſeulement, & que la
moitié des appoinctemẽs du Capitaine ab-
ſent pendant ſon quartier, ſans diſpen-
ſe ou legitime empeſchement ſeront
payez à celuy qui commandera & pre-
ſentera la Compagnie à la reueuë qui
en ſera faite, ſans qu'il ſoit tenu d'en rapporter aucune choſe au Capitaine. Et quant
aux Soldats des Regiments qui ſeront en
corps d'armée, que le pain de munition leur
ſera fourny & adminiſtré du poids & de la
qualité ordinaire. Et en outre qu'il ſera

payé par aduance & par forme de preſt'à
chaque Sergent ſeize ſols, à chaque Capo-
ral, Enſepeſade, ou Appoincté huict ſols , &
à chaque Soldat quatre ſols par iour. Et
alors que leſdites trouppes tiendront garni-
ſon , qu'il ne leur ſera fourny aucun pain,
mais au lieu de ce il leur ſera payé tant pour
leur ſolde ordinaire, que pour le pain, à cha
cun Sergent dixhuict ſols , à chaque Capo-
ral, Enſepſade ou Appointé dix ſols , & à
chacun Soldat ſix ſols, dont ils ſeront payez
à la bāque & en monnoye blanche de Roy,
ayans cours, par les Treſoriers generaux de
l'extraordinaire de nos Guerres, Auſquels
nous enioignons de ſe trouuer en perſonne
en nos armées, & à la ſuite de nos Regimẽs,
où d'y enuoyer des Commis qui y reſident
actuellement, pour faire les payemens deſdits preſts & monſtres, en preſence des Cō-
miſſaires & Controlleurs de nos Guerres,
& en la forme preſcripte par nos Ordōnan-
ces : autrement, & à faute de ce faire, il ſera
par nous pourueu à l'exercice de leurschar-
ges. Et quāt à noſtre Cauallerie, Nous voulons & entendons qu'il ſoit fait fonds és
eſtats qui ſeront d'oreſnauant par nous ex-
pediez de huict mois de monſtre pour chacune des Compagnies que nous entretien-
drōs ſur le pied des Caualiers effectifs ſeu-

lement. Et quant aux furtaux, en attenda[nt]
qu'il y ait efté par nous pourueu ; Nous or[-]
donnons qu'il fera payé de neuf iours e[n]
neuf iours à chacun Caualier , vingt fol[s]
A chacun Carabin treize fols quatre de[-]
niers par iour, & ce des denierss noftre Ef[-]
pargne, ainfi que les monftres: Et aux Capi[-]
taines, Lieutenans, Cornettes, Commiffai[-]
res, & Marefchaux des Logis & autres Offi[-]
ciers, felon nos precedentes Ordonnances,
Moyennant quoy lefdits Chefs ; Offi[-]
ciers, Caualiers & Carabins , feront obli[-]
gez, de payer aux lieux & endroicts ou ils
fejourneront, ce qu'ils prendront pour leur
nourriture, & celle de leurs cheuaux, au prix
des 3. derniers marchez: fans qu'ils puiffent
tendre autres vftācilles de leurs hoftes que
les mefmes que nous auons ordōné par ces
prefentes à noftre Infanterie: Auec defenfes
d'exiger autres chofes, fur peine de la vie;
Et bien que cet ordre s'obferuant par nof[-]
dits gens de Guerre, Nous ayōs fubiect de
croire qu'ils trouueront par tout des viures
en abondance pour leur nourriture: Neāt[-]
moins pour preuenir tous les manquemens
qui pourroient feruir de pretexte aux mef[-]
me defordres qui ont efté iufquesicy, Nous
ordonnons à tous les Gouuerneurs & Lieu[-]
tenans generaux pour nous és Prouinces de

noftre

noſtre Royaume de faire & dreſſer chacun
en l'eſtenduë de ſa charge, des Routes les
plus commodes que faire ſe pourra, pour le
logemēt, paſſage & ſejour de nos Troupes,
tant d'Infanterie que de Cauallerie : Et cō-
ioinctement auec nos amez & feaux les Pre-
ſidens & Treſoriers generaux de France, di-
uiſer chacune Prouince en pluſieurs depar-
temens chacun d'iceux compoſé de toutes
les Villes, Bourgs & villages qui ſerōt ſituez
en l'eſtenduë de quatre, cinq, ou ſix lieuës
au plus, & de mettre le lieu de l'eſtappe autant qu'ils pourront és bonnes Villes &
grands Bourgs, afin que les troupes logeãs
en vne des Communautez dudit departement, les autres qui ſeront compriſes en i-
celuy, contribuent pour leur cotte part à
fournir des viures en eſpece s'il en eſt beſoin. Copies deſquelles Routes & departe-
mens nous ſeront enuoyées dans vn mois a-
pres la publicatiō des preſentes, par leſdits
Gouuerneurs & Lieutenãs Generaux pour
auoir recours lors qu'il ſera neceſſaire pour
le bien de cét Eſtat de faire paſſer nos for-
ces d'vne Prouince en l'autre. Et à ce que
leſdits gēs de Guerre puiſſent trouuer tout
ce dont ils auront beſoin pour leur ſubſiſtē-
ce, Nous ordōnons qu'en chacun des lieux
deſdits Eſtappes, noſdits Treſoriers de Frā-

B

ce feront dés à prefent mettre en magazin
la quantité de Bled, Foin, Paille & Auoine,
qu'ils verront eftre neceffaire pour le nõbre des gens de Guerre qu'ils feront aduer-
tis y deuoir paffer ou demeurer en garni-
fon, Et contraindre les particuliers defdits lieux & toutes les Cõmunautez de chacun departement d'y contribuer pour leur
part & portion le plus efgalement & com-
modement que faire fe pourra, Defquelles
fournitures les Scindiqs ou Confuls des
lieux defdites Eftappes fe chargeront tant
enuers les particuliers des mefmes lieux
qu'enuers les Scindiqs & Confuls des autres Communautez contribuables: Et pre-
fenteront vn bref Eftat pardeuant lefdits
Treforiers de France de chacune Generali-
té de la confommation qui aura efté faicte
defdites danrées au paffage de nofdites
Trouppes,& des deniers qui aurõt efté pour
ce payez. Et pour y eftablir vn fi bon regle-
mét que lefdits paffages fe puifsét faire do-
refnauãt fans defordres, Nous voulons que
les Chefs, Officiers & Capitaines de nofdites trouppes dõnent aduis aufdits Gouuerneurs & Lieutenãs Generaux, & en leur ab-
sãce à nofdits Treforiers de Frãce du nõbre
defdits gens de Guerre, de la route qui leur
aura efté dõnée dans les Prouinces depen-

dantes de leurs charges , & du iour qu'ils
auront à y entrer : de laquelle route nofdits
Gouuerneurs & Lieutenans Generaux en-
uoyeront vne copie à nofdits Treforiers de
France qui ordonneront aux Confuls, Maires, Efcheuins, Scindiqs , & autres Officiers
des lieux ou fe fera le logement de faire ouurir lefdits magazins: Et fi les dãréesqui feront en iceux ne fuffifoient, les autres Communautez du departement feront preparer
la quantité & qualité de viures & danrées
qui manquera & qu'ils pourrõt commodé-
ment fournir pour eftre adminiftrez à nofdits gens de Guerre, fuiuant le Reglement
general des Eftappes cy attaché. Permettons aufdits Confuls , Maires, Efcheuins,
Scindiqs , & Officiers des lieux ou lefdites
Trouppes auront à loger pour faciliter la-
dite fourniture de faire contraindre fans en
abufer les particuliers des lieux defdits
Eftappes,& les Confuls & Scindiqs des autres Villes & Communautez de leur departement, de fournir & contribuer pour leur
part les viures neceffaires pour la fubfiftan-
ce defdits gens de Guerre, & de les faire cõ-
duire au lieu de l'Eftape, fi le magazin n'eft
fuffifant pour la nourriture defdits gens de
Guerre qui auront à paffer. Et d'autant qu'il
feroit difficile de faire payer aux foldats les

danrées qui leur feront fournies actuellement au lieudefdits Eftappes , quelque fe-
uerité que nous y puiffions apporter , Nous
voulons que lefdits Treforiers de l'extraordinaire de nos Guerres, ou leurs Commis,
au lieu de payer aufdits gens de Guerre le
preft durant les iours qu'ils marcheront en
campagne, qu'ils ayent à les payer aux Cõ-
fuls, Maires & Efcheuins des lieux ou les
trouppes logerõt pour leur rébourfemẽt, à
raifon de fix fols pour chacũ Soldat à pied,
& trẽte fols pour chacun Caualier par iour,
defquelst ils retireront des acquits & def-
charges fignées & certifiées par les Commiffaires & Controolleurs qui feront paf-
fées & alloüées en la defpence defdits Treforiers & Comptables, tout ainfi que fi lefdites fommes auoient efté payées aufdits
gens de Guerre,& leur feront precomptées
tant fur leurs monftres & furtaux, que fur
leus prefts,& fur ce qui leur fera deub. Etou
les Confuls des lieux defdits Eftappes ne fe-
roient pas capables de faire la fourniture,
les Commiffaires & Controolleurs feront
mettre les deniers neceffaires pour le payement des Eftappes és mains des Confuls de
l'vne des Communautez du departement,
ou de la plus prochaine bonne ville , auf-
quels Confuls nous ordonnons d'y don-

ner promptement ordre fur peine de la vie.
Et par ce que le grand equipage que noſtre
Cauallerie tient ordinairement n'apporte
que de la confuſion dans nos armées, & du
deſordre à la campagne, Nous entendons
que ceux qui feront dans nos Compagnies
de cheuaux legers n'auront d'oreſnauant
que deux cheuaux, & nos gẽs-darmes trois,
ſans qu'ils en puiſſent tenir d'auantage, ce
que nous leur deffendõs tres-expreſſemẽt.
Et pour faire executer tout ce que deſſus en
forte que nos ſubiets & noſdits gens de
Guerre ne reçoiuent aucune incommodité
deſdits paſſages, Nous voulons qu'à la ſuit-
te de chacun Regiment ou Compagnie de
Caualerie qui marchera en campagne, il y
ait ordinairement vn Commiſſaire qui fa-
ce obſeruer ceſt ordre és lieux deſdits Eſta-
pes, & tienne ſoigneuſement la main à la
diſtribution & payement deſdits viures, &
en l'abſence deſdits Commiſſaires ordinaires, Nous permettons aux Lieutenans generaux de nos armées, Mareſchaux de Cãp, &
en leur abſence aux Gouuerneurs & Lieutenans Generaux de nos Prouinces de commettre en leurs places des perſonnes de ca-
pacité & fidelité requiſe, qui iouïront des
gages, taxations, & appointemens de con-
duitte deſdits Commiſſaires abſens à pro-

portion du feruice qu'ils auront rendu & en
feront payez en vertu de leurs certificats
qu'ils en rapporteront , fur lefquels nous
ferons expedier nos Ordonnances addref-
fantes aux Treforiers de l'ordinaire de nos
Guerres fur le fóds des gages & appoinctemens de ceux qui en deuoient faire la charge. Et pour ceft effect nous deffendons aufdits Treforiers de payer aux Commiffaires
ordinaires leurfdits gages , taxations &
appoinctemens qu'à raifon du temps
qu'ils auront feruy actuellement , dont
ils feront tenus de rapporter des certificats de nofdits Lieutenans generaux,
Marefchaux de nos Camps & Armées,
Gouuerneurs ou nos Lieutenans generaux,
fur lefquels nous ferons pareillement expedier nos Ordonnances à peine de radiation.
Enioignons tres-expreffemét aux Preuofts
de nos tres-chers Coufins les Marefchaux
de Fráce de fuiure & accompagner nofdits
gens de Guerre chacun en l'eftéduë de fon
reffort , pour receuoir les plaintes des con-
trauentions qui pourroient eftre faictes au
prefent Reglement, & faire punir les coul-
pables exemplairement, felon la rigueur de
nos Ordonnáces, à peine d'en refpondre en
leurs propres & priuez nós, Et aux Preuofts
de nos vieilles Bádes d'exercer en perfonne

leurs charges, autremēt & à faute de ce nous
permettrons à ceux qui commanderont nos
Trouppes d'en commettre d'autres en leur
lieu & place. Et d'autant que par nofdites
Ordonnances pour raifon de la leuée, en-
roollement & recreuës de nofdits gens de
Guerre, logemens, paſſages, ſejour, monſtres, reueuës, licenciemēt & forme de payement d'iceux, Nous eſtimons auoir appor-
té toutes les precautions neceſſaires pour
empeſcher les deſordres du paſſé : Nous
voulons que les Reglemens ſur ce faicts &
cy attachez, & ce qui a eſté par nous ordōné pour ce regard en l'année mil ſix cens
vingt neuf, ſoient par nofdits gēs de Guerre eſtroictement gardez & obſeruez. Enioignons tres-expreſſement aux Gouuerneurs
& Lieutenans generaux de nos Prouinces,
Colonnels, Generaux de l'Infanterie & Cauallerie, Mareſchaux, & Maiſtres de Cāp,
Chefs & Conducteurs de nofdits gens de
Guerre, & Commiſſaires à la conduicte d'i-
ceux, de tenir ſoigneuſement la main à
l'execution des preſentes, & empeſcher de
tout leur pouuoir qu'il ny ſoit contreuenu.
SI DONNONS EN MANDEMENT à nos tres-
chers & bien amez Couſins les Mareſchaux
de France au ſiege de la Table de Marbre
de noſtre Palais à Paris, Et à tous autres nos

Officiers, & à chacun d'eux comme à luy
appartiendra, que ces nos presentes Ordõ-
nances & Reglemens ils ayent à faire lire,
publier & enregiſtrer & le cõtenu en icelles
garder & obſeruer & entretenir inuiolable-
ment de poinct en poinct ſelon leur forme
& teneur, ſans les enfraindre ny permettre
aucune choſe eſtre faicte au contraire. Et à
tous Preuoſts de noſdits Couſins les Mareſchaux de France, leurs Lieutenans, & Preuoſts des bãdes de noſdites armées, de pro-
ceder cõtre les cõtreuenans ſelon la rigueur
de noſdites Ordõnàces, & en faire telle pu-
nition & chaſtiment qu'il puiſſe ſeruir d'e-
xemple & retenir les autres dans la diſcipline. CAR tel eſt noſtre plaiſir. En teſmoin
dequoy nous auõs fait mettre noſtre ſeel à
ceſdites preſentes. Donné à S. Germain en
Laye le 14. iour de Feurier, l'an de grace
1633. & de noſtre regne le 23. Signé, LOVIS, Et
plus bas, par le Roy, Phelipeaux. Et ſeellé
en cire jaune ſur double queuë.